BEI GRIN MACHT SICH IHR WISSEN BEZAHLT

- Wir veröffentlichen Ihre Hausarbeit, Bachelor- und Masterarbeit

- Ihr eigenes eBook und Buch - weltweit in allen wichtigen Shops

- Verdienen Sie an jedem Verkauf

Jetzt bei www.GRIN.com hochladen und kostenlos publizieren

Anonym

Einführung in das Vergaberecht

GRIN Verlag

Bibliografische Information der Deutschen Nationalbibliothek:

Die Deutsche Bibliothek verzeichnet diese Publikation in der Deutschen National-bibliografie; detaillierte bibliografische Daten sind im Internet über http://dnb.d-nb.de/ abrufbar.

Impressum:

Copyright © 2011 GRIN Verlag GmbH
Druck und Bindung: Books on Demand GmbH, Norderstedt Germany
ISBN: 978-3-640-97026-1

Dieses Buch bei GRIN:

http://www.grin.com/de/e-book/175717/einfuehrung-in-das-vergaberecht

GRIN - Your knowledge has value

Der GRIN Verlag publiziert seit 1998 wissenschaftliche Arbeiten von Studenten, Hochschullehrern und anderen Akademikern als eBook und gedrucktes Buch. Die Verlagswebsite www.grin.com ist die ideale Plattform zur Veröffentlichung von Hausarbeiten, Abschlussarbeiten, wissenschaftlichen Aufsätzen, Dissertationen und Fachbüchern.

Besuchen Sie uns im Internet:

http://www.grin.com/

http://www.facebook.com/grincom

http://www.twitter.com/grin_com

Einführung in das Vergaberecht

Inhaltsverzeichnis

Warum könnte es interessant sein, sich mit Vergaberecht zu beschäftigen?

Möchte eine Körperschaft des öffentlichen Rechts, wie etwa ein Landkreis, eine Gemeinde etc. einen Auftrag erteilen, zum Beispiel für Bauleistungen, für eine Lieferung oder für bestimmte Dienstleistungen, so gilt wie immer, wenn diese Körperschaften handeln, dass sie sich bei der Auftragsvergabe an gewisse Regeln zu halten haben. Diese Regeln gelten speziell für Körperschaften des öffentlichen Rechts. Das ist dem Umstand geschuldet, dass sie im Gegensatz zu privatwirtschaftlichen Akteuren nicht mit eigenen Finanzmitteln wirtschaften, sondern das Geld der Bürger ausgeben. Hierbei soll dem Haushaltsgrundsatz der Sparsamkeit und Wirtschaftlichkeit möglichst weitgehend Rechnung getragen werden. Daher haben die öffentlichen Körperschaften bei der Auftragsvergabe eine Vielzahl von Regeln zu beachten, damit diese fair und transparent verläuft und der geeignetste, das heißt der beste Anbieter, den Zuschlag bekommt. Den Rahmen, in dem sich die öffentlichen Körperschaften hier bewegen, bezeichnet man als das Vergaberecht.

Das Vergaberecht bestimmt unter anderem durch die Definition von bestimmten Schwellenwerten des Auftragsvolumens die notwendige Art der Ausschreibung. Hier werden als Verfahrensarten landläufig das offene Verfahren, welche eine EU-weite Ausschreibung darstellt[1], die beschränkte Ausschreibung und die freihändige Vergabe unterschieden. Diese Verfahren sollen hier später noch beschrieben werden.

Nach der Bekanntmachung einer Ausschreibung werden den interessierten Anbietern die Vergabeunterlagen übergeben. Die Unterlagen enthalten eine Leistungsbeschreibung, in der die ausgeschriebene Leistung in allen erwarteten Details eindeutig beschrieben wird, so dass sich jeder Anbieter ein klares Bild davon machen kann, ob er die verlangten Leistungen erbringen kann. Gleichzeitig macht die eindeutige Leistungsbeschreibung die verschiedenen Angebote erst vergleichbar, da jeder Anbieter die gleichen Einzelleistungen bepreisen muss. Nach dem Verstreichen der Angebotsfrist wertet der Auftraggeber alle Angebote au und ermittelt das wirtschaftlichste Angebot.

Soweit zunächst ein kurzer skizzenhafter Abriss eines Vergabeverfahrens. Im folgenden soll in dieser kurzen Einführung auf einige rechtliche Rahmenbedingungen des Vergaberechts

---

[1] Oft auch als öffentliche Ausschreibung bezeichnet.

eingegangen werden und einige Begrifflichkeiten aus dem Vergaberecht kurz vorgestellt werden[2].

Grundzüge des Vergaberechts aus dem GWB

Ein Vergabeverfahren muss so durchgeführt, dass alle Anbieter gleich behandelt werden, eine Benachteiligung oder Bevorzugung eines Anbieters ist verboten nach § 97 II GWB. Der Zuschlag für einen Auftrag geht an das **wirtschaftlichste Angebot** gemäß § 97 V GWB.

Um auch kleinen Mittelständlern einem Zugang zum Auftrag zu ermöglichen, sollen Aufträge in **Lose** unterteilt werden. Hier wird zwischen Teillosen (einteilung nach der Menge) und Fachlosen (Einteilung nach dem Fachgebiet) unterschieden[3]. Es ist ebenfalls möglich, einzelne Lose zu einer Gesamtleistung zusammenzufassen, wenn wirtschaftliche oder technische Gründe dafür sprechen.

Aufträge sollen § 97 III GWB nur an fachkundige, leistungsfähige, gesetzestreue und **zuverlässige Anbieter** vergeben werden, darüber hinaus können zusätzliche Parameter definiert werden, zum Beispiel nach sozialen oder ökologischen Kriterien.

Die Regelungen des Vergaberechts müssen zwingend angewendet werden, wenn ein **öffentlicher Auftraggeber** nach § 98 GWB vorliegt. Dies ist bei den folgenden Auftraggebern der Fall:

Art der Auftraggebers	Rechtsgrundlage GWB
Gebietskörperschaften (Städte, Bundesland, Bund etc.)	§ 98 Nr.1
Sondervermögen einer Gebietskörperschaft	§ 98 Nr.1
Juristische Personen des öffentlichen/privaten Rechts, die nichtgewerbliche Aufgaben erfüllen und durch Gebietskörperschaften finanziert / geleitet werden (kommunale Anstalten etc.)	§ 98 Nr.2
Verbände deren Mitglieder Gebietskörperschaften / nichtgewerbliche juristische Personen nach § 98 Nr.2 sind	§ 98 Nr.3

---

[2] Vgl. auch zum weiteren Einstieg: Vergabehandbuch vom Beschaffungsamt des Bundesministeriums des Innern, Stand: 12.02.2007, Seite 6 ff.
[3] Vgl. § 97 III GWB, Fassung vom 09.07.2009.

Natürliche / juristische Personen des privaten Rechts, die in den Bereichen Trinkwasser-, Energieversorgung, Verkehr tätig sind und denen durch die zuständige Behörde besondere Rechte eingeräumt wurden / die durch Gebietskörperschaften kontrolliert werden (klassisches Beispiel Stadtwerke)	§ 98 Nr.4
Natürliche / juristische Personen des privaten Rechts und juristische Personen des öffentlichen Rechts, die durch Gebietskörperschaften, juristische Personen nach § 98 Nr.2 oder durch Verbände nach § 98 Nr.3 Mittel erhalten für Tiefbau, Errichtung von Krankenhäusern, Schulen, Verwaltungsgebäuden etc.	§ 98 Nr.5
Natürliche / juristische Personen, die eine Baukonzession durch Auftraggeber nach § 98 Nr.1-3 erhalten haben und Aufträge an Dritte vergeben	§ 98 Nr.6

Nachdem festgestellt wurde, ob ein öffentlicher Auftraggeber vorliegt, stellt sich im nächsten Schritt die Frage, ob es sich bei dem geplanten Auftrag um einen **öffentlichen Auftrag** nach § 99 GWB handelt. § 99 GWB enthält hierzu eine allgemeine Definition:

> **§ 99 I GWB: „Öffentliche Aufträge** sind entgeltliche Verträge von öffentlichen Auftraggebern mit Unternehmern über die Beschaffung von Leistungen, die Liefer-, -bau- oder Dienstleistungen zum Gegenstand haben, Baukonzessionen und Auslobungsverfahren, die zu Dienstleistungsaufträgen führen sollen."

Aus dieser Definition können einige charakteristische Merkmale eines öffentlichen Auftrags entnommen werden:

- Vorliegen eines öffentlichen Auftraggebers
- Ziel: entgeltlicher Vertrag
- Adressat / Leistungserbringer: gewerbliche Unternehmen
- Vertragsgegenstand: Dienstleistungen, Lieferung, Bauleistungen o.ä.

Diese allgemeine Definition bietet allerdings nur eine grobe Orientierung, ob ein öffentlicher Auftrag vorliegt. Gerade im Hinblick auf die Anwendung der Verdingungsordnungen ist es von zentraler Bedeutung, zwischen den Verfahrensarten zu unterscheiden (vergleiche auch das Kapitel: Anwendungsbereich der Verdingungsordnungen).

Für das Vergabeverfahren inklusive der Ausschreibung muss eine fixe Zeitspanne eingerechnet werden, die je nach Vergabeart variieren kann (vergleiche auch das Kapitel: Wichtige Fristen im offenen Verfahren). Dies ist bei der Ablaufplanung für eine durchzuführende Maßnahme zu berücksichtigen. Darüber hinaus müssen notwendige

Vorarbeiten geleistet werden, wie zum Beispiel das Erstellen der Verdingungsunterlagen, wobei insbesondere für die Anfertigung des Leistungsverzeichnisses ausreichend Zeit einzuplanen ist.

Anwendungsbereich der Verdingungsordnungen

Wie oben bereits erwähnt, muss, damit das Vergaberecht greift, ein öffentlicher Auftraggeber vorliegen nach § 98 Nr.1-3 GWB[4]. Die Stadt X etwa ist eine Gebietskörperschaft, womit sie unter § 98 Nr.1 GWB fällt, es liegt also ein öffentlicher Auftraggeber vor.

Folgende Verdingungsordnungen sind bei einer Erstvergabe von Aufträgen von Interesse:

- Liefer- und Dienstleistungsaufträge: VOL/A[5], 2. Abschnitt[6]
- Bauleistungen: VOB/A[7], 2. Abschnitt
- Freiberufliche Leistungen: VOF[8]

VOL und VOB sind jeweils unterteilt in die Teile A und B.
Teil A enthält allgemeine Bestimmungen für die Vergabe von Leistungen, d.h. die Vertragsregelungen bis hin zum gewünschten Vertragsabschluss. Daher sind hier beispielsweise auch die Regeln für das Offene Verfahren enthalten.
Teil B hingegen stellt die Regelungen für die Ausführung von Leistungen vor und enthält damit Bestimmungen für bereits bestehende Aufträge.

Bevor Aufträge vergeben werden, muss zunächst entschieden werden, um was für einen Auftrag (Lieferung, Bauleistung, Dienstleistung) es sich handelt.

Lieferaufträge sind nach § 99 II GWB definiert als Verträge zur Beschaffung von Waren. Dies umfasst verschiedene vertragliche Konstruktionen, wie etwa Kauf, Miete, Pacht, Ratenkauf oder Leasing von Waren.

---

[4] Gesetz gegen Wettbewerbsbeschränkungen.
[5] Verdingungsordnung für Leistungen.
[6] Ausnahmen für die Anwendung der VOL/A geregelt in §§ 5, 6 GWB.
[7] Verdingungsordnung für Bauleistungen.
[8] Verdingungsordnung für freiberufliche Leistungen.

Bauaufträge umfassen sowohl Aufträge zur Planung von Baumaßnahmen als auch Aufträge zur Durchführung von Baumaßnahmen. Diese Baumaßnahmen können im Tiefbau oder im Hochbau geplant sein. Für diese Baumaßnahmen gilt im allgemeinen die Vorgabe, dass durch sie eine wirtschaftliche oder technische Verbesserung für den Auftraggeber erreicht werden soll. Dies ist regelmäßig der Fall, wenn es sich bei einer Baumaßnahme nicht nur um eine bloße kosmetische Instandhaltungsarbeit handelt.

Bauaufträge umfassen ebenfalls Baukonzessionen. Bei diesen wird dem Ausführenden der Baumaßnahme nach Fertigstellung der baulichen Anlage statt einer direkten monetären Bezahlung ein Nutzungsrecht eingeräumt.

Dienstleistungsaufträge zu guter Letzt sind alle Aufträge, die nicht unter Liefer- oder Bauaufträge fallen. Sie bilden damit einen Auffangtatbestand. Ein Auftrag, der sowohl die Beschaffung von Waren als auch eine Dienstleistungskomponente enthält, gilt dabei gemäß § 99 VII GWB als Dienstleistungsauftrag, falls der Auftragswert der Dienstleistungen den Wert der Warenlieferung übersteigt.

Bei Vorliegen eines Mischauftrags gelten im allgemeinen die Vorschriften für die Komponente des Auftrags, dessen anteiliger Auftragswert am größten ist.

Die verschiedenen Vergabearten

Der Gesetzgeber unterscheidet in § 101 GWB folgende Vergabearten:

- Offenes Verfahren
- Nicht offenes Verfahren
- Verhandlungsverfahren
- Wettbewerblicher Dialog

Grundsätzlich wird das Offene Verfahren angewendet, hier bestehen allerdings Ausnahmen[9] Im Offenen Verfahren wird eine unbestimmte Anzahl von möglichen Anbietern in einer öffentlichen Ausschreibung zur Abgabe von Angeboten aufgefordert.

Hiervon zu unterscheiden ist das Nicht offene Verfahren, in dem auch zunächst eine öffentliche Aufforderung zur Teilnahme am Verfahren erfolgt. Hiernach wird allerdings in Abweichung vom Offenen Verfahren eine Vorauswahl der Anbieter getroffen, die dann ihre Angebote einreichen können.

Beim Verhandlungsverfahren spricht der Auftraggeber einige ausgewählte Anbieter an und verhandelt mit einem oder mehreren Anbietern über den beabsichtigten Auftrag und spricht im Diskurs mit ihnen die Kriterien des Auftrags ab.

Sonderfall: Wettbewerblicher Dialog

Für den Fall, dass ein öffentlicher Auftraggeber eine Ausschreibung oberhalb der Schwellenwerte durchführen möchte, aber nicht in der Lage ist, die technischen Einzelheiten einer Ausschreibung nachzuvollziehen[10], den Rechtsrahmen abschließend zu beurteilen oder die letztendlichen Kosten anzugeben, besteht nach § 6a VgV die Möglichkeit, einen wettbewerblichen Dialog einzugehen. Dieser besteht aus folgenden Schritten:

- Der Auftraggeber macht seine Bedürfnisse und Anforderungen europaweit bekannt
- Der Auftraggeber ermittelt im Dialog mit interessierten Anbietern, auf welche Weise diese Bedürfnisse und Anforderungen am besten befriedigt werden können

---

[9] Im Bereich der Versorgung mit Trinkwasser und Energie kann der Auftraggeber frei wählen zwischen dem Offenen Verfahren, dem Nicht offenen Verfahren und dem Verhandlungsverfahren laut § 101 VII GWB.
[10] Etwa im Fall der Beschaffung einer Spezialmaschine.

- Auf diese Weise können verschiedene alternative Lösungen ermittelt werden, deren Anzahl sukzessiv reduziert wird
- Der Dialog ist abgeschlossen, wenn eine Lösung gefunden ist, welche die Bedürfnisse und Anforderungen des Auftraggebers erfüllt oder aber erkennbar wird, dass keine befriedigende Lösung möglich ist
- Zuletzt werden auf der Grundlage der erarbeiteten Lösungen alle am Prozess beteiligten Anbieter aufgefordert, ein entsprechendes Angebot abzugeben

Schwellenwerte

Höhe der Schwellenwerte

Es hängt letztlich vom Erreichen bestimmter vordefinierter Schwellenwerte ab, welche Art der Ausschreibung vorgeschrieben ist, was je nach Vergabeart einen unterschiedlich hohen Aufwand der ausschreibenden Stelle entstehen lassen kann.

Die Verdingungsordnungen legen die offene Ausschreibung grundsätzlich als Regelfall fest.[11] Wenn bestimmte Schwellenwerte unterschritten werden, kann aber eine beschränkte Ausschreibung oder eine freihändige Vergabe sinnvoll sein, da diese in der Regel schneller durchgeführt werden können als die offene Ausschreibung und der Ausschreibungsvorgang selbst kostengünstiger ist.

Bei der beschränkten Ausschreibung werden nach § 3 Nr.1 II VOB/A Bauleistungen „[...] nach Aufforderung einer beschränkten Zahl von Unternehmern zur Einreichung von Angeboten vergeben [...]". Die beschränkte Ausschreibung ist nach § 3 Nr.3 VOB/A zulässig, wenn:

- Aufwand und Nutzen der öffentlichen Ausschreibung in einem Missverhältnis stehen würden.
- eine bereits erfolgte öffentliche Ausschreibung zu keinem annehmbaren Ergebnis geführt hat.
- die öffentliche Ausschreibung aus Gründen der Dringlichkeit, Geheimhaltung etc. nicht sinnvoll erscheint.

Bei der freihändigen Vergabe werden nach § 3 Nr.1 III VOB/A Bauleistungen „[...] ohne ein förmliches Verfahren [...]" vergeben. Die freihändige Vergabe ist nach § 3 Nr.4 VOB/A zulässig, wenn:

- für die Leistung aus Gründen des Patentschutzes, der besonderen Erfahrung, der einmaligen Technik etc. nur ein Unternehmer in Frage kommt.
- die Leistung nach Art und Umfang vor der Vergabe nicht eindeutig festgelegt werden kann.
- sich eine kleine Leistung von einer bereits vergebenen größeren Leistung nicht ohne Nachteil trennen lässt.
- die Leistung besonders dringlich ist.

---

[11] Vgl.: § 2 Nr.1 S.2 VOB/A.

- eine bereits erfolgte offene oder beschränkte Ausschreibung zu keinem Ergebnis geführt hat.

Je nach Qualität der zu vergebenden Leistung gelten per Gesetz verschiedene Schwellenwerte. Gemäß § 2 VgV[12] sind folgende Schwellenwerte vorgesehen, ab deren Erreichen zwingend im offenen Verfahren ausgeschrieben werden muss

Art des Auftrags	Schwellenwert in 1.000 €
Lieferung und Leistung im Bereich Trinkwasser-, Energieversorgung, Verkehr	387
Lieferung und Leistung oberster / oberer Bundesbehörden; Fernmeldewesen etc.	137
Allgemein Lieferung und Leistung	193
Bauaufträge	4.845

Bei einem so genannten Auslobungsverfahren für einen Dienstleistungsauftrag gilt der Schwellenwert des jeweiligen Dienstleistungsauftrags.

Wird ein Bauauftrag, wie oft üblich, um zum Beispiel auch kleineren Unternehmern die Möglichkeit zu geben, ein Angebot abzugeben, in einzelne Lose gestückelt, gilt für die einzelnen Lose ein Schwellenwert von 80.000 Euro oder, falls die Lose unterhalb von 80.000 Euro liegen, die Summe der Einzelwerte, falls das Einzellos 20 Prozent oder mehr vom Gesamtwert der Maßnahme ausmacht.

Ermittlung der Auftragswerte

Um korrekt erfassen zu können, ob die oben genannten Schwellenwerte bei einem Auftrag erreicht werden, ist es notwendig, die Höhe des Auftragswertes zu bestimmen. Hier reicht eine grobe Schätzung der erwarteten Kosten nicht aus. Vielmehr hat der Gesetzgeber in § 3 VgV weitreichende Regelungen vorgegeben, wie bei der Ermittlung des Auftragswertes vorzugehen ist.

---

[12] Verordnung über die Vergabe öffenlicher Aufträge, in der Fassung vom 09.01.2001.

Der Auftragswert ist in vollem Umfang, das heißt inklusive aller möglicherweise anfallenden Zahlungen wie Prämien etc. zu erfassen. Auch ist darauf zu achten, dass durch die Aufteilung des Auftrages in Einzellose oder eine auffallend niedrige Veranschlagung der Kosten nicht der Eindruck entsteht, dass auf diese Weise versucht werden soll, unter den gesetzlichen Schwellenwerten zu bleiben.

Außerdem ist bei Lieferaufträgen, die auf eine Dauer von einem Jahr begrenzt sind, sowie bei Dienstleistungen, die auf die Dauer von vier Jahren begrenzt sind, zu berücksichtigen, dass nicht der Wert des Einzelauftrages, sondern der summierte Auftragswert über die gesamte Laufzeit des Vertrages anzusetzen ist. Bei einem Lieferauftrag mit einer Laufzeit von mehr als zwölf Monaten wird der Auftragswert durch Addieren des geschätzten Werts der noch ausstehenden Lieferungen ermittelt. Bei unbefristeten Verträgen, oder wenn zum Zeitpunkt der Vergabe noch nicht absehbar ist, welche Laufzeit ein Vertrag haben wird, wird der Auftragswert durch Multiplikation des Auftragswertes eines Monats mit 48 festgelegt.

Bei Aufteilung eines Auftrages in Einzellose, die einzeln vergeben werden, müssen bei der Ermittlung des Auftragswertes die Einzelwerte aller Einzellose summiert werden.[13]

Enthält der Auftrag Optionsklauseln, die beispielsweise eine Ausweitung der Liefermenge oder eine Verlängerung der Laufzeit ermöglichen, ist der Auftragswert anhand unter Einbeziehung aller Optionen größtmöglichen Auftragsumfangs und der längstmöglichen Laufzeit zu bestimmen.

Handelt es sich beim Auftrag um eine Bauleistung, ist der Auftragswert inklusive aller notwendigen, durch den Auftraggeber zur Verfügung zu stellenden Lieferungen und Leistungen zu berechnen.

Bei Vergabe eines Rahmenauftrages wird der Auftragswert durch Addition aller für die Laufzeit geplanten Aufträge ermittelt.

Wird ein Dienstleistungsauftrag ausgelobt, ist der Auftragswert inklusive aller Preisgelder und Zahlungen an die Teilnehmer zu veranschlagen. Gleiches gilt für alle anderen Auftragsarten, mit der Ausnahme, dass der geschätzte Auftragswert eines Dienstleistungsauftrages hier nicht mit eingerechnet werden muss, wenn der Auftraggeber in der Bekanntmachung des Wettbewerbs ausschließt, dass dieser Dienstleistungsauftrag später vergeben wird.

---

[13] Bei Lieferaufträgen nur die Auftragswerte gleichartiger Lieferungen.

Für die Einschätzung aller Kosten und Preise ist das Ausgangsdatum der Bekanntmachung der Auftragsvergabe maßgebend.

Das Kapitel nochmal in einer Übersicht:

Beschreibung des Auftrages	Ermittlung des Auftragswertes
Allgemeiner Grundsatz	Auftragswert inklusive aller „Nebenkosten" wie Prämien, Zahlungen an die Bewerber etc.
Lieferauftrag, Laufzeit ein Jahr	Gesamter Auftragswert über die Laufzeit
Lieferauftrag, Laufzeit von mehr als einem Jahr	Addition des Restwertes nach zwölf Monaten
Dienstleistungen, Laufzeit bis 48 Monate	Gesamter Auftragswert über die Laufzeit
Dienstleistungen, Laufzeit über 48 Monate oder noch nicht absehbar	Monatlicher Auftragswert multipliziert mit dem Faktor 48
Aufteilung des Auftrages in Einzellose	Einbeziehung aller Einzellose in den Auftragswert
Optionsklauseln, mögliche Ausweitung oder Verlängerung des Auftrages	Maximaler Auftragsumfang bei maximaler Laufzeit
Bauauftrag	Inklusive aller Lieferungen / Leistungen, die durch den Auftraggeber gestellt werden
Rahmenauftrag	Addition aller für die Laufzeit geplanten Aufträge
Auslobung eines Dienstleistungsvertrags	Auftragswert inklusive aller Preisgelder und Zahlungen an Teilnehmer
Auslobung anderer Aufträge	Ein möglicher auf den Auftrag folgender Dienstleistungsauftrag musst entweder eingepreist oder von vornherein ausgeschlossen werden
Bezugsdatum	Ausgangsdatum der Bekanntmachung der Auftragsvergabe

Wichtige Fristen im Offenen Verfahren

Für Ausschreibungen oberhalb der Schwellenwerte sind durch den Gesetzgeber einige Regelungen hinsichtlich zu beachtender Fristen erlassen worden, die der Ausschreibung ihren zeitlichen Rahmen diktieren.

Fristen in der VOL/A

Grundsätzlich gilt in jedem Verfahren, dass den am Auftrag interessierten Anbietern ein angemessener Zeitraum eingeräumt werden muss, um ihre Angebote vorzubereiten und einzureichen. Alles andere würde die Vergabe zur Farce geraten lassen, in der nicht der beste, sondern allein der schnellste Anbieter den Zuschlag erhielte. In der VOL/A ist für das Einreichen der Angebote eine Frist von 52 Tagen vorgesehen[14]. Hat der Auftraggeber hingegen eine Vorarbinformation zum Auftrag gegeben, der den Aufwand der Angebotserstellung verringert, verkürzt sich die Angebotsfrist auf 36 Tage. Bei Vorliegen von begründeten Ausnahmetatbeständen (wie etwa einer besonderen Eilbedürftigkeit o.ä.) kann die Angebotsfrist auf 22 Tage verkürzt werden, dies ist jedoch die absolute Untergrenze.

Fordern Anbieter eine Übersendung der Verdindungsunterlagen beim Auftraggeber an, hat dieser ihnen die entsprechenden Unterlagen innerhalb von sechs Tagen nach der Anforderung zu senden. Benötigt ein Anbieter zusätzliche Informationen zur Leistungsbeschreibung oder zu den Verdingungsunterlagen, sind ihm auch diese binnen sechs Tagen nach Anfrage zur Verfügung zu stellen.

Hinsichtlich der Zuschlagsfrist sind keine gesetzlichen Regelungen getroffen worden. Grundsätzlich sollte der Abschluss des Verfahrens zügig angestrebt werden, da ansonsten zum einen das Risiko besteht, dass vormals freie Kapazitäten der Anbieter nun schon anderweitig belegt sind und die Ausführung eventuell länger dauert und zum anderen die Angebote der Anbieter eine gewisse Bindefrist haben, innerhalb der die angebotenen Preise gelten. Ein zu langes Verfahren birgt hier die Gefahr, dass neue Preise angefordert werden müssen. Dieser Überlegung folgend ist es sinnvoll, in der Bekanntmachung der Ausschreibung eine Bindefrist, also den Zeitraum, während dem sie sich an ihre Angebote gebunden sehen, für die Anbieter vorzudefinieren.

Ist die Entscheidung für eines der Angebote gefallen, sind die nicht berücksichtigten Anbieter innerhalb von 14 Tagen zu benachrichtigen. Eine Nichteinhaltung dieser Benachrichtigungsfrist hat die Nichtigkeit des geschlossenen Vertrages zur Folge, hier ist also noch einmal besondere Sorgfalt gefragt.

---

[14] Gerechnet wird hierbei vom Tag der Absendung der Bekanntmachung an bis zum Eingang des Angebotes.

14

Zudem ist die Auftragsvergabe innerhalb von 48 Tagen nach der Entscheidung beim Amt für amtliche Veröffentlichungen der Europäischen Union bekannt zu machen.

Fristen in der VOL/A	
Angebotsfrist	52 Tage
Übersendung der Verdingungsunterlagen	Binnen 6 Tagen
Zuschlagsfrist	Nicht eindeutig geregelt
Benachrichtigungsfrist für nicht berücksichtigte Anbieter	14 Tage
Bekanntmachung der Auftragsvergabe	48 Tage

Fristen in der VOF

Ein Auftrag nach der VOF wird grundsätzlich im Verhandlungsverfahren mit vorheriger Bekanntmachung des zu vergebenden Auftrags vergeben, die Frist für den Antrag auf Teilnahme am Verhandlungsverfahren beträgt mindestens 37 Tage vom Tag der Bekanntmachung an.

Anfragen nach weiteren Informationen zum ausgeschriebenen Auftrag müssen bis sechs Tage vor Ende der Eingangsfrist für Bewerbungen beantwortet sein, in dringlichen Fällen auch bis zu vier Tage vor Ende der Eingangsfrist. Wird ein Ortstermin o.ä. Notwendig, um die Fragen zu klären, ist die Eingangsfrist entsprechend zu verlängern.

Fristen in der VOF	
Frist für Antrag auf Teilnahme am Verhandlungsverfahren	37 Tage
Beantworten von Fragen zum Auftrag	Bis 6 Tage vor Ende der Eingangsfrist

Fristen in der VOB/A

Die Angebotsfrist bei Bauaufträgen soll nicht unter zehn Tagen angesetzt werden. Der zeitliche Aufwand für Baustellenbesichtigungen und die Beschaffung notwendiger Unterlagen soll Berücksichtigung finden bei der Ermittlung der Angebotsfrist. Dies läuft ab mit dem Öffnen der Angebote am Eröffnungstermin.

Die Zuschlagsfrist beginnt zu laufen mit dem Eröffnungstermin. Sie soll nicht länger als 30 Tage angesetzt werden[15]. Mit dem Ende der Zuschlagsfrist endet zugleich auch die Bindefrist für die Anbieter.

Fristen in der VOB/A	
Angebotsfrist	Mind. 10 Tage
Zuschlagsfrist	Max. 30 Tage

---

[15] Eine längere Frist ist möglich, muss aber eingehend begründet werden.

Ablaufplan zum Vergabeverfahren

Offenes Verfahren

Hier soll einmal beispielhaft der Ablauf eines Offenen Verfahrens grob skizziert werden.

- Feststellung, dass ein öffenlicher Auftraggeber handelt, hier die Stadt X.
- Es handelt sich um einen öffentlichen Auftrag, die Stadt will eine neue Sporthalle bauen lassen.
- Das Leistungsverzeichnis wird erstellt, hierbei erfolgt eine Kalkulation des Auftragswerts. Wird dabei festgestellt, dass der Schwellenwert (bei Baumaßnahmen in Höhe von 4.845.000 Euro) überschritten, muss europaweit ausgeschrieben und grundsätzlich das Offene Verfahren angewendet werden.
- Es folgt eine öffentliche Bekanntmachung[16] der Ausschreibung[17], in der alle interessierten Unternehmen zur Anforderung der Verdindungsunterlagen[18] aufgefordert werden.
- Die interessierten Anbieter fordern die Verdindungsunterlagen an und reichen Angebote ein.
- Die Angebote werden bis zu einem vorher in der Ausschreibung festgesetzten Datum gesammelt und an diesem Datum geöffnet und bewertet[19] (so genannte Submission).
- Die Eignung der Anbieter wird anhand der in der Ausschreibung geforderten Nachweise beurteilt. Es wird unterschieden zwischen Eignung und Nichteignung, Zwischenstufen sind nicht vorgesehen.
- Es folgt die Erteilung des Zuschlags an das wirtschaftlichste Angebot (und bei einer EU-weiten Ausschreibung die Benachrichtigung der nicht berücksichtigten Anbieter) sowie die Bekanntmachung des erteilten Auftrags mittels des EU-Standardformulars.

---

[16] Die öffenliche Bekanntmachung erfolgt wahlweise in Tageszeitungen, amtlichen Veröffentlichungsblättern, einschlägigen Fachzeitschriften oder im Internetportal des Auftraggebers.

[17] Die Ausschreibung muss folgende Informationen zwingend enthalten: die Anschrift des Auftraggeber, Art und Umfang der Leistung sowie den Leistungsort, die eventuelle Aufteilung des Auftrages in Einzellose, die Frist, bis zu der die Verdindungsunterlagen angefordert werden können, die Angebotsfrist, die durch den Anbieter vorzulegenden Unterlagen, um seine Eignung zu belegen, die Zuschlags- und die Bindefrist, bei Dienstleistungsaufträgen noh der Hinweis auf auf § 27 VOL/A (Das Angebot gilt als nicht berücksichtigt, wenn bis zum Ablauf der Zuschlagsfrist kein Auftrag erteilt wurde.).

[18] Die Verdindungsunterlagen umfassen als „Herzstück" die Leistungsbeschreibung, in welcher der beabsichtigte Auftrag in allen Einzelschritten beschrieben wird, so dass sich der Anbieter ein genaues Bild des Auftragsumfangs machen kann.

[19] Hierbei werden zunächst Angebote mit formalen oder sachlichen Mängeln ausgeschlossen. Hiernach wird die Eignung der Anbieter überprüft, ausgehend von der Fragestellung, ob der jeweilige Anbieter überhaupt in der Lage ist, einen derartigen Auftrag auszuführen, verfügt er beispielsweise über die nötige Expertise o.ä.? Im nächsten Schritt wird die Auskömmlichkeit der Angebote überprüft, hier wird das Preis-Leistungs-Verhältnis betrachtet. Abschließend wird unter den übrigen Angeboten das wirtschaftlichste ermittelt.

- Nachdem die nicht berücksichtigten Anbieter informiert wurden, besteht für diese die Möglichkeit, ein Nachprüfungsverfahren einzuleiten, um die Rechtmäßigkeit der Vergabe zu überprüfen. Solange dieses Verfahren läuft, darf noch kein endgültiger Zuschlag erteilt werden.

Kurzübersicht: Ablauf des Offenen Verfahrens	
Schritt	RGL § VOL/A
Vorbereitung (Leistungsbeschreibung, Erstellen der Verdindungsunterlagen, Ermittlung des Auftragswertes)	9, 16
Bekanntmachung der Ausschreibung	17 Nr.1 II
Versand der Verdindungsunterlagen	9, 17 Nr.3 II
Submission	22
Sachliche und formelle Prüfung der Angebote	23 Nr.1,2
Angebote werten	25 Nr.1-3
Erteilung des Zuschlags	28

Beschränktes Verfahren

Besitzt ein Auftraggeber keinen Marktüberblick, d.h. weiß er nicht, welche Unternehmen für die auszuführende Leistung in Frage kommen, kann er zunächst den Markt sondieren, indem er öffenlich dazu auffordert, sich um die Teilnahme zu bewerben (so genannter Teilnahmewettbewerb).

Der Auftraggeber fordert dann einen beschränkten Kreis von Unternehmen dazu auf, ein Angebot abzugeben[20].

AB diesem Punkt läuft das Vergabeverfahren wie oben beschrieben weiter.

Nationales Verfahren

Liegt der Auftragswert nicht über den vorgegebenen Schwellenwerten, ist keine EU-weite Ausschreibung erforderlich. Hier reicht eine nationale Ausschreibung aus gemäß Abschnitt 1

---

[20] Bis zu dieser Aufforderung zur Abgabe eines Angebotes spricht man bei den beteiligten Unternehmen von Bewerbern, hiernach von Bietern, vgl. VOL/A Abschnitt 1.

VOL/A beziehungsweise VOB/A[21]. Für freiberufliche Leistungen gibt es keine entsprechende Regelung, es wird jedoch empfohlen, VOF und VOL sinngemäß anzuwenden[22].

Die nationale Ausschreibung folgt grundsätzlich den gleichen Regeln wie die EU-weite Ausschreibung, außer dass sie auf den nationalen Rahmen beschränkt wird. Nach dem erfolgten Zuschlag entfallen außerdem die Mitteilungen an die nicht berücksichtigten Bieter und es gibt keine Möglichkeit eines Nachprüfungsverfahrens, weswegen das nationale Verfahren einfacher und schneller zu handhaben ist als das EU-weite Ausschreibungsverfahren.

Überblick über die Vergabeschritte

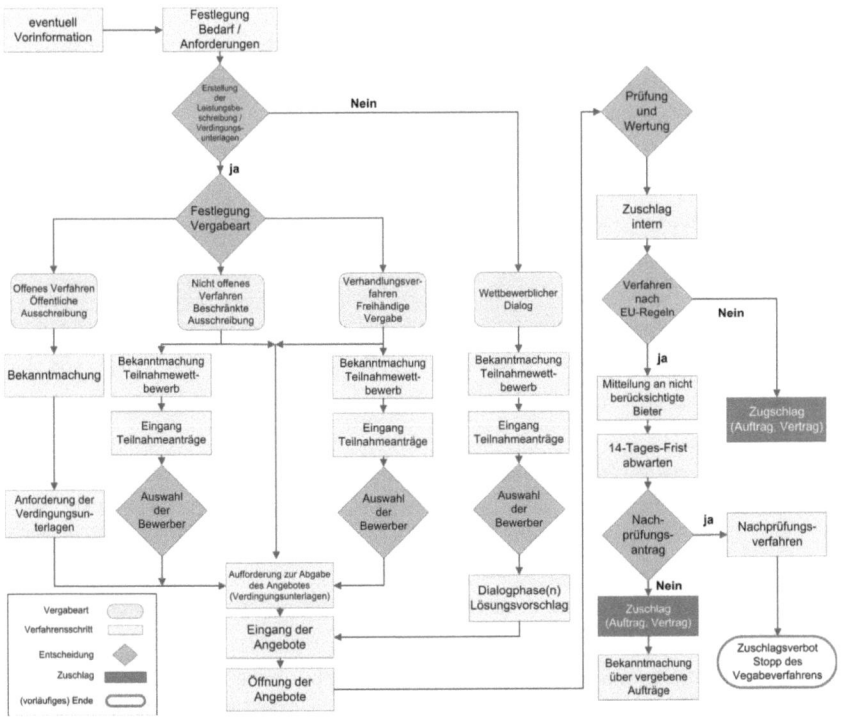

23

---

[21] Die Anwendung von Abschnitt 1 der VOL/A und VOB/A wird bestimmt durch VV 2.2 zu § 55 BHO; vgl.: Beschaffungshandbuch des Beschaffungsamtes des BMI, S. 17.
[22] Vgl.: ebd.
[23] Diese Abbildung wurde entnommen aus: Vergaberecht. Kurz und bündig. Broschüre des Beschaffungsamtes des Bundesministeriums des Innern, http://www.bescha.bund.de/nn_663848/SharedDocs/Downloads/

Stufen der Angebotsbewertung

Bei der Bewertung der Angebote sind zwingend vier Stufen nacheinander zu durchlaufen. Hierbei werden sukzessive Bieter nach immer spezieller werdenden Kriterien ausgeschlossen, bis schließlich nach der vierten Stufe das beste, d.h. das wirtschaftlichste Angebot ausgewählt werden kann.

1. Ausschluss von Angeboten

Ein Angebot ist zwingend auszuschließen, wenn einer der folgenden Tatbestände erfüllt ist:

- fehlende Preisangaben
- Angebot nicht unterschrieben
- nicht eindeutig nachvollziehbare Änderungen des Anbieters an seinem Angebot
- Änderung oder Ergänzung der Unterlagen
- verspäteter Zugang des Angebots
- Bieter haben sich untereinander wettbewerbswidrig abgestimmt (etwa durch Preisabsprachen)
- nicht zugelassene Nebenangebote oder keine Mindestanforderungen an Nebenangebote genannt

Ein Angebot kann weiterhin ausgeschlossen werden, wenn Nebenangebote nicht auf einer gesonderten Anlage gemacht wurden oder der Bieter nach § 7 Nr.5 VOL/A von der Teilnahme ausgeschlossen werden darf[24].

Nachdem die Angebote mit offensichtlichen formellen oder sachlichen Mängeln ausgeschlossen wurden, wird in einem zweiten Schritt die Eignung der Bieter geprüft.

2. Eignungsprüfung der Bieter

Bei der Eignungsprüfung ist zu beachten, dass diese nur anhand der angeforderten und vorgelegten Nachweise vorgenommen werden darf. Nur aus den Nachweisen wird geschlossen, welches Unternehmen geeignet ist und welches nicht[25].

Publikationen/Faltblaetter/faltblatt__vergaberecht,templateId=raw,property=publicationFile.pdf/faltblatt_vergab erecht.pdf

[24] Dies sind u.a. Unternehmen, die ihre Steuern und Abgaben nicht ordnungsgemäß entrichtet haben oder sich in einem Insolvenzverfahren befinden, vgl. § 25 Nr.2 II VOL/A.

[25] Vgl.: § 25 Nr.2 I VOL/A.

3. Prüfung des Preis-/Leistungsverhältnisses

Vor allem bei ungewöhnlich niedrigen Angeboten darf der Zuschlag nicht einfach aufgrund des niedrigsten Angebots erteilt werden. Hier muss eine Überprüfung des Preis-/Leistungsverhältnisses erfolgen, um die Korrektheit des Angebots zu beurteilen. Insbesondere bei Reinigungsdienstleistungen muss der Angebotspreis auf Auskömmlichkeit untersucht werden. Liegt ein offensichtliches Missverhältnis vor zwischen der Leistung und dem dafür verlangten Preis, d.h. kann der Preis unter normalen Umständen nicht zustande kommen, wird das Angebot nicht mit in die nächste Prüfungsstufe genommen[26].

4. Ermittlung des wirtschaftlichsten Angebots

Zuletzt ist zu ermitteln, welches der verbleibenden Angebote das wirtschaftlichste ist. Es kommt hierbei auf die Gesamtwirtschaftlichkeit der Angebote an und nicht allein auf den Angebotspreis[27].

---

[26] Vgl.: § 25 Nr.2 II,III VOL/A. Originaltext: „Auf Angebote, deren Preise in offenbarem Missverhältnis zur Leistung stehen, darf der Zuschlag nicht erteilt werden."

[27] Vgl.: § 25 Nr.3 VOL/A. Bei der Anschaffung einer Maschine zum Beispiel muss zwischen Anschaffungs- und Betriebskosten unterschieden werden. Hier müsste das nach den Gesamtkosten beste Angebot ausgewählt werden. Ebenfalls müssen bei den Angeboten die Produktivitätsunterschiede berücksichtigt werden, so dass das reine Preiskriterium zu kurz greift.

Anhang

Linkliste

- Beschaffungsamt: www.bescha.bund.de
- Bundeswirtschaftsministerium: www.bmwi.de
- Bundesministerium für Verkehr, Bau und Stadtentwicklung: www.bmvbs.de
- www.oeffentliche-auftraege.de
- Vergabevorschriften des Landes Niedersachsen: www.mi.niedersachsen.de
- Landeseinheitliche Formulare zur Beschaffung: http://www.e-forms.niedersachsen.de/master/C58563424_N33133217_L20_D0_I27421838.html

Verwendete Gesetze

- GWB in der Fassung vom 02.09.2002
- VOL/A in der Fassung vom 20.11.2009
- VOB/A in der Fassung vom 20.03.2006
- VOF in der Fassung vom 16.03.2006
- VgV in der Fassung vom 09.01.2001
- Änderung der Schwellenwerte zur offenen Ausschreibung gemäß Verordnung der EU-Kommission vom 30.11.2009